catch

catch your eyes ; catch your heart ; catch your mind······

使用本書時的注意事項
この本の使用上の注意

本書の目的

來到台灣後，我的日本朋友們都喜歡上台灣，
然後立刻又再來台灣。

我周遭的台灣人，也都對日本有興趣，
知道很多日本的事。

台灣和日本就像生活在遠方的親戚一樣。
一見面馬上可以變親密，就像這樣的關係。
因此，我想把這樣的關係變得更深入更愉快。

這本書是為了讓台灣人更了解日本人而寫的。
也藉此讓台灣人更了解自己的事。
友情在完全理解雙方的優點和缺點後才會越來越深厚。

「啊，你的牙縫有塞著什麼喔！」或是

「討厭啦，不要放屁啦！」等

如果兩個不同國籍的人能夠成為這樣的朋友的話，我會很高興。

台湾にやってきた私の日本の友達は、みんな台湾が大好きになり、またすぐに台湾にやって来ます。

私の周りの台湾人は、みんな日本に興味を持ってくれていて、とってもよく日本のことを知っています。

台湾と日本は、遠く離れて暮らしてる親戚同士みたい。会えばすぐに近くなる、そんな仲に似ています。

だから、私はこの関係をもっと深くて楽しいものにしたいと思いました。

この本は、台湾人に日本人の本性を知ってもらえるように書いてあります。そして、台湾人にも自分たちの事をよく知ってもらえるように作りました。

友情は、両者の悪い所もいい所も、全て理解して深まるものだと思います。

「あ、歯になんか詰まってるよ」とか、

「やだ、オナラするなよ」なんて

外国人同士で言い合える関係ができたらうれしいです。

青木由香

あおきゆか

法

分成五本方便攜帶的小冊子。

請隨身攜帶著需要的章節，在對待日本人感到困惑時拿出來做參考。

日本人如果有和書上一樣的舉動，請笑著讓他們看書裡的內容吧。

這本書可以代替你辯解不好意思開口的事。

例如，給他們看第二本的〈比想像中小氣〉的部分，或許會稍改小氣的個性。

也因此，本書做成中日文對照，更方便使用。

不同國籍的人，如果能夠互相理解對方，就不會踩到對方心裡的地雷，更能順利地交往下去。

使用

携帯に便利な五冊の小冊子になっています。

必要な章を持ち歩き、日本人の扱いに困った時に取り出して参考にしてください。

日本人がこの本に書いてある行動をとったら、笑いながら本を見せましょう。

あなたの言いにくいことも代弁してくれます。

例えば、二冊目の〈意外とケチ〉の章を見せると、ケチを改めてくれるかもしれません。

そのためにこの本は、日中の二カ国語表記で使いやすくしてあります。

外国人同士でも、互いをよく知っていると、相手の心の地雷を踏まずにウマくやっていけます。

使用時的注意事項

~可以說是注意，也可以說是拜託，或是道歉~

· 請不要在空腹時讀此書。

（請在心情愉快，微笑的狀態下閱讀）

· 不要因為這本書的影響而變成不再熱情的台灣人。

（看完後也請保持平常心就好）

· 這本書裡的內容，是我和我周遭的人看到的感受到的日本人跟台灣人的樣子。

（請注意不要太過相信）

· 在日本人面前多多宣傳這本有趣的書，但是，請不要隨便便借給他們。

理由1：為了讓日本人自己買回去仔細地讀，才能客觀地看到自己。

理由2：讓日本人自己掏錢買，才能賺日本人的錢。

· 本書由五小本使用手冊組成，第一次請按照順序來讀。

· 太喜歡日本的人，讀完後請不要太難過。

· 是否能和日本人成為好朋友，也有個別的差異。

08

使用上の注意

〜注意というか、お願いというか、お詫び〜

・空腹時の読書はお避けください。
（心が豊かに、笑って読める状態でどうぞ）

・この本に感化されて、性格の悪い台湾人になりませんように。
（読み終わっても純粋さを保ってください）

・この本に書かれている事は、私や私の周囲の人が見て感じた、日本人、台湾人像です。
（信じ過ぎに注意してください）

・日本人の前で、面白い本があるとこの本のことを噂してください。
でも、日本人には中途半端に貸さないでください。

理由1：日本に持ち帰ってじっくり読んでもらい、客観的に自分たちを知ってもらうため。
理由2：日本人に自分で買わせて、台湾が日本人の金を稼ぐため。

・本書は五冊構成になっていますが、一回目は順番通りに読んでください。

・日本が好き過ぎる人は、読み終えて悲しまないでください。

・日本人と仲良くなれるかどうかは、個人差がございます。

好好地使用這本書，

應該能交到日本朋友。

好好地使用這本書，

應該能交到日本戀人，

好好地使用這本書，

應該能賺到日本人的錢，

好好地使用它，
讓彼此能夠萌生良好的關係！

この本をウマく使うと、日本人の友達ができます。

この本をウマく使うと、日本人の恋人ができます。

この本をウマく使うと、日本人のお金が稼げます。

ウマく使って、いい関係が生まれますように！

11

catch 131

麻煩ねろへヽ──
給台灣人看的日本人使用說明書

圖文：青木由香
翻譯：黃碧君
日文校對：天野朗子
責任編輯：繆沛倫
法律顧問：全理法律事務所董安丹律師
出版者：大塊文化出版股份有限公司
台北市 105 南京東路四段 25 號 11 樓
讀者服務專線：0800-006689 TEL：(02) 87123898　　FAX：(02) 87123897
郵撥帳號：18955675　　戶名：大塊文化出版股份有限公司
e-mail:locus@locuspublishing.com　www.locuspublishing.com
行政院新聞局局版北市業字第 706 號

總經銷：大和書報圖書股份有限公司
地址：台北縣五股工業區五工五路 2 號
TEL：(02) 89902588（代表號）　FAX：(02) 22901658
初版一刷：2007 年 7 月
初版二刷：2011 年 2 月
定價：新台幣 280 元

ISBN　978-986-7059-92-5
Printed in Taiwan

國家圖書館出版品預行編目資料

麻煩ねろへヽ──
給台灣人看的日本人使用說明書 / 青木由香著.
-- 初版 . -- 臺北市：大塊文化，2007[民 96]
面；　公分 . -- (catch；131)

ISBN 978-986-7059-92-5(平裝)

1. 民族性 - 日本 - 通俗作品 2. 日本 -
文化 - 通俗作品

731.3　　　　　　　　96009960